AF240005

F. SARRAN

ANCIEN PROFESSEUR AU PETIT SÉMINAIRE D'AUCH

MONSIEUR

L'ABBÉ DE POUY

1843-1907

AUCH

IMPRIMERIE LÉONCE COCHARAUX

RUE DE LORRAINE

1907

MONSIEUR

L'ABBÉ DE POUY

Avec M. l'abbé de Pouy disparaît une des physionomies les plus originales et les plus sympathiques du vieux Petit Séminaire.

Il y est resté plus d'un demi-siècle, comme élève ou surveillant, de 1855 à 1906. Et je le vois encore, avec quelle émotion ! par ce matin triste du 12 décembre dernier, remontant la rue de l'Oratoire dans son manteau n° 2, comme nous appelions plaisamment le manteau antique qu'il jetait sur ses épaules dans les corridors du vieil établissement, et me disant, les larmes aux yeux : « Quelle honte ! rentrer là comme un étranger, moi !.. moi !.. après un dîner à l'hôtel ! Ah ! les canailles ! »

Il ne s'est pas remis du coup qui nous expulsait des vieux murs, et les charmes du Rieutort, où il avait trouvé un abri si cordial, ne l'avaient consolé ni de l'exil forcé, ni de la perte de ses chers élèves. M. l'aumônier des Petites-Sœurs des Pauvres, me parlant un jour d'un vieillard qu'on avait recueilli dans la forêt du Ramier, près de Lectoure, vivant de racines et de pain moisi, buvant l'eau des fossés, avec un mépris insolent des bacilles et des microbes, et mourant de bien-être, peu de temps après, au Barrail, me disait: « La civilisation l'a tué ! » On peut dire de M. de Pouy : « L'expulsion l'a tué ! »

Il en est de certains hommes comme de certaines plantes : le changement de milieu les fait périr.

I.

Jean-Abel de Pouy naquit à Lamothe-Pouy, dans le canton de Mauvezin, le 30 octobre 1843, d'une vieille famille gasconne où les traditions chrétiennes s'étaient fidèlement maintenues. Tout jeune encore, il aima le calme horizon du pays natal et la langue maternelle. C'était plaisir de lui entendre vanter la douceur de ce coin de Fezensaguet et rappeler tel vieux vocable gascon, tel proverbe oublié dont, plus que personne, il goûtait la saveur. Je me souviens encore de la joie qu'il éprouvait, plus tard, à entendre un de ses anciens condisciples conter, pendant des heures entières, des facéties gasconnes, ou rappeler des prières extra-liturgiques où il trouvait, lui, toujours un rapprochement à faire avec telle croyance antique, telle superstition dont il avait été le témoin.

En 1855, il entra comme élève de huitième au Petit Séminaire d'Auch. Il fut tout de suite en tête de sa classe, et les palmarès, jusqu'en 1863, proclament plusieurs fois le nom d'Abel de Pouy. Jamais, pourtant, on ne l'entendit parler de ses succès scolaires. Mais il suffisait de causer avec lui d'auteurs classiques, latins, grecs ou français, pour s'apercevoir qu'il les avait pratiqués comme les pratiquaient les bons élèves d'il y a cinquante ans. Il citait, après un de ses collègues, avec une aimable ironie, l'allocution de M. d'Hugues, doyen de la Faculté des Lettres de Toulouse, à de jeunes candidats au baccalauréat. Il s'agissait d'un discours latin : « Messieurs », disait M. d'Hugues, « la Faculté ne vous demande que l'application des règles les plus rudimentaires ; quant à l'élégance, elle y a renoncé depuis longtemps ». Lui, prétendait avoir vécu au temps de l'élégance. De fait, il écrivait le latin avec une grâce antique et pouvait, sans le secours du *Gradus* — ce Pégase ! — composer tout de go un distique latin.

Il avait beaucoup pleuré à son entrée au Séminaire, et ses camarades — cet âge est sans pitié ! — l'avaient surnommé *Jérémie*. Le surnom lui resta. Il n'avait rien fait, d'ailleurs, pour le faire oublier, pris qu'il était de l'innocente manie de se plaindre à chaque instant de tous les méfaits dont l'avaient rendu témoin trente ans de guerre à tout ce qui était le plus cher à son cœur de patriote, d'éducateur et de prêtre.

Ses condisciples encore vivants s'accordent à dire qu'il fut pieux jusqu'au mysticisme et que lui, si timide, si réservé d'ordinaire, eut une âme apostolique au premier chef. L'un d'eux a bien voulu

me communiquer une prière qu'Abel de Pouy avait composée en
rhétorique et qu'on devait réciter les uns pour les autres à certains
jours. La voici :

Ayez pitié de votre enfant, Seigneur.
Jésus, Marie, Joseph, obtenez-lui, je vous en conjure, la persévérance
dans le bien, la force dans les tentations, le courage dans l'adversité,
l'ardeur pour vous servir, l'amour de la prière, de la retraite, du
recueillement. Ouvrez-lui la porte du Ciel. Mettez son salut en assu-
rance.
O Jésus-Enfant! ô Marie Vierge-Mère! ô Joseph pur et chaste! puri-
fiez son corps et son âme; donnez-lui la santé nécessaire; faites qu'il
en use saintement.
Faites enfin qu'un même bonheur nous réunisse un jour dans l'éter-
nelle félicité.

Les exemples, les conseils, le milieu même où s'étaient épanouis
son esprit et son cœur, l'appel de Dieu, tout l'entraînait vers la
carrière sacerdotale. En 1863 il entra au Grand Séminaire.

Ce qu'il fut là, pendant cinq ans, il ne nous est pas permis de le
dire en détail. Rien de ce que le supérieur d'alors, M. Chevallier,
appelait dédaigneusement les *fanfreluches*, c'est-à-dire rien de ce
qui est littéraire et purement littéraire, brillant et rien que brillant
ne l'attira, encore qu'il avouât plus tard, dans ses jours d'épanche-
ment, avoir gardé, par contrebande, un théâtre choisi de Corneille
parmi ses livres de théologie.

Il se mit à l'étude du dogme et de la morale avec ardeur, lisant
assidûment dans l'intervalle les *Soliloques* de saint Augustin,
l'*Imitation de Jésus-Christ* et l'*Introduction à la vie dévote*, se
délectant dans Rodriguez et Saint-Jure, et déclarant que les
Elévations de Bossuet l'avaient transporté. Un incorrigible défaut de
langue ne lui permit pas de donner sa mesure. Mais tels qui l'avaient
consulté depuis se plaisent à rappeler le bon sens et la science
théologique avec lesquels il résolvait les cas les plus difficiles.

Sa vie intérieure, au Grand Séminaire, fut assurément des plus
intenses. C'est là, dans le silence et le recueillement de sa cellule,
qu'il se donna cette âme à la fois énergique et tendre et d'une pureté
si scrupuleuse qu'au dire de son confident le plus intime il n'hésitait
pas à se confesser plusieurs fois par semaine, ne pouvant supporter
qu'il y eût le moindre nuage entre Dieu et lui.

II.

Le 19 décembre 1868, l'abbé de Pouy fut ordonné prêtre. Il était surveillant au Petit Séminaire depuis le mois d'octobre, dans la division des moyens. Il y resta deux ans.

Surveillance délicate et difficile entre toutes ! Les enfants qu'on lui confiait étaient la plupart arrivés à cet âge qu'on a appelé si justement « l'âge bête de la mue », âge ingrat où ils deviennent agités, indisciplinés, insolents, frondeurs. De plus, l'étude du numéro 2 était un peu tombée dans l'anarchie par la mollesse de son prédécesseur.

L'abbé de Pouy, encore tout raide de théologie, et ne connaissant guère ce que Quintilien appelle *materna facilitas*, ne desserra les lèvres que pour asséner sur les coupables les punitions les plus exagérées. Après un mois, mais quel mois ! il était venu à bout de toute cette exubérance écolière. Les plus indisciplinés tremblaient devant le jeune maître. Mais, à ce métier et avec un tel système, pouvaient se gaspiller les meilleures énergies de son âme, et l'abbé de Pouy risquait de jouer, pendant toute sa carrière, le rôle de croquemitaine, de « moucheur de mioches », comme il disait. Rien de plus. La Providence s'en mêla par l'entremise du supérieur d'alors, M. l'abbé Paudelé, qui le nomma maître d'études dans la première division.

Nous avons vu, nous, les derniers venus au Petit Séminaire, une « Étude des Grands », imberbe, facile, et où le surveillant, même jeune, montait sur sa chaire comme un triomphateur avant la lettre. Les écoliers d'aujourd'hui sont trop sérieux et plus préoccupés de politique — déjà ! — ou de questions sociales que de bons tours à jouer à leurs surveillants. Ils n'y ont pas gagné. L'étude où entrait l'abbé de Pouy était une étude barbue et broussailleuse, composée en majeure partie de gaillards de dix-huit à vingt ans, toujours prêts à faire sentir à un jeune maître qu'on ne mène pas comme on veut des gens conscients de leur force et pénétrés du souffle de liberté qui s'exhale de presque toutes les pages du « Conciones », *En illa, illa, quam sæpe optastis, libertas !* « N'étais pas fier, entendez bien », disait plus tard M. de Pouy, dans son inimitable style télégraphique ; « les premiers jours, sentais plus le pouls ». Il eut vite fait de dominer cette émotion avant le corps à corps de la bataille.

Car ce fut une vraie bataille. Pendant près de deux mois elle se livra entre le maître, impassible sur sa chaire, et ces jeunes gens qui bourdonnaient, frappaient des pieds en cadence et ne laissaient pas

échapper une occasion de manifester leur antipathie pour ce « pion »
en barrette qui s'avisait de les punir quand ils le méritaient. L'abbé
de Pouy tint bon. Mais il faillit échouer à jamais : il y avait trop de
caporalisme dans sa manière. Avec ce robuste bon sens dont il ne se
départit jamais dans sa vie, il comprit qu'il faisait fausse route. Il
lisait à cette époque, ainsi que nous l'a attesté son contemporain et
ami, M. l'abbé Tallez, le livre de Mgr Dupanloup : *De la fermeté
du caractère dans l'éducation*. Il dut être frappé du programme moral
que le grand éducateur a résumé dans ces quelques lignes : « Il faut
suivre (les élèves), les poursuivre sans cesse, avec douceur, tendresse, fermeté, indulgence, sévérité. Tant qu'un enfant ne va pas
bien, il faut qu'il soit constamment averti, exhorté, repris, encou-
ragé, partout et par tous, et cependant toujours à propos et sans le
fatiguer... Les âmes ne se gagnent qu'à ce prix ».

Quoi qu'il en soit, il fit volte-face et devint en peu de temps l'in-
comparable surveillant que tant d'élèves ont connu et, on peut le
dire, tendrement aimé; le surveillant dont tant de maîtres d'études,
venus après lui, ont imité la manière disciplinaire sans avoir toujours compris peut-être sa manière éducative ou avoir eu le talent
ou la force de la pratiquer.

Un éducateur est une façon de médecin moral, et l'éducateur chrétien dit des âmes ce qu'Ambroise Paré disait des corps : « Je l'ai
pansé, Dieu l'a guari ». M. de Pouy avait à conduire des jeunes gens
de vingt ans. Il connaissait les fougues, les maladies de cet âge si
ardent à la fois et si léger. Méditations, lectures spirituelles, conseils,
encouragements, reproches, il fit tout servir au pansement moral de
ses écoliers.

Il lisait lui-même la méditation à voix haute, chaque matin, après
la prière, et sa difficulté de parole même lui servait. « Il distillait
la méditation », nous contait dernièrement un ancien du Séminaire.
Après une tournée dans les pupitres, d'où il rapportait parfois une
ample provision de livres ou de brochures de contrebande, il faisait
une méditation sur le danger des mauvaises lectures. Les matins de
communion générale, c'étaient Bourdaloue, Bossuet, Mgr de La
Bouillerie, Mgr de Ségur ou Mgr Landriot, abrégés, adaptés par lui,
qui préparaient ces jeunes gens à recevoir leur Dieu; et M. Couture,
de sa voix chaude et prenante, complétait l'effet à la chapelle, pendant la messe, par des cantiques, des considérations et des prières
comme on n'en a pas entendu depuis. D'autres fois, c'était une méditation liturgique tirée de Dom Guéranger, un passage des *Lettres à
un jeune homme*, de Lacordaire, une *Méditation sur les Évangiles*, de
Bossuet. Mais toujours la méditation était arrêtée et préparée, la

veille, et le jeune surveillant s'en était pénétré dès son lever, à quatre heures.

Pour la lecture spirituelle, après la prière du soir, il donnait généralement la parole à un élève. De cet exercice il faisait parfois le complément de la méditation du matin; parfois, il le faisait consister à lire un article de quelque grand journaliste sur tel événement qui préoccupait alors l'opinion. « Il nous a fait applaudir les plus belles conférences de Lacordaire », me disait un jour un de mes collègues. Et M. de Pouy aimait à rappeler qu'il avait fait lire et goûter la *Passion* de Metz, de Bossuet. Il y avait quelque peine, car, plusieurs jours à l'avance, il dressait lui-même, dans sa chambre, le lecteur à faire ressortir les beaux passages.

Il serait exagéré de dire que tous buvaient à la source. L'abbé de Pouy le savait bien. « J'ai fait chasser deux élèves dans ma carrière de surveillant », me disait-il un jour. « Ça a été la plus grande peine de ma vie. Mais il le fallait... à cause des autres. » Il le fallait! et il n'était pas homme à hésiter devant un devoir, si austère, si dur fût-il. Les lenteurs, les échecs, ne le décourageaient pas. Il priait pour ceux qui recevaient sur la pierre froide de leur âme la divine semence, et se consolait à la pensée que tel, ignoré de lui mais connu de Dieu, trouvait là un encouragement à ses élans et peut-être une force pour résister à des assauts où auraient sombré à jamais son intelligence et son cœur.

J'ai interrogé, avant d'écrire ces notes biographiques, quelques anciens élèves, les uns prêtres, les autres étudiants en droit, en médecine, en lettres. Certains m'ont dit : « Je lui dois d'avoir persévéré dans ma vocation »; d'autres : « C'est lui qui m'a soutenu de ses bons conseils »; d'autres encore : « Son souvenir m'a poursuivi dans ma vie de jeune homme; et même quand je le savais loin de moi, il m'a souvent empêché de mal faire ». — « Mon enfant », disait-il à un autre, « toutes les fois que vous faites quelque chose, ayez votre mère devant les yeux. » Un élève qu'il avait arrêté sur la pente de la paresse et de la dissipation m'écrit : « Chaque année, pendant cinq ans de ma vie d'étudiant à Toulouse, il m'a rappelé que je devais faire mes Pâques; et je les ai faites » ! N'est-ce pas le plus bel éloge qu'on puisse faire de l'influence de cet homme si modeste, si bon, si surnaturel ? Mais voici qui en dit plus long que tout. C'est un officier de marine qui m'écrit, et de sa lettre je ne détache qu'une phrase : « Mon enfant, m'écrivait M. de Pouy, vous avez un beau nom : il faut en être fier et le porter haut; vous avez un beau titre, celui de chrétien : il faut en être plus fier encore que de votre nom et de vos galons ».

C'était là le côté grave de sa tâche. Mais cet homme, si rogue en apparence et si sérieux, était d'une inépuisable gaîté. Sans parler de ses calembours, désormais célèbres ; des bons tours qu'il aimait à jouer à ses collègues ou à ses élèves, il lui était arrivé, dans sa carrière de maître d'études, de plaisantes aventures, et il les racontait... faut-il dire inlassablement ? On les désignait sous divers noms. Il y avait, par exemple, l'histoire du cadre de Marseillan, celle du chat de Lanfranchi, celle de la visite à Jean-Marie, celle des Quatre-Cétacés, etc., etc. Les héros de ces histoires me pardonneront de les nommer.

M. de Pouy avait un léger défaut de langue — nous l'avons dit — et l'externe Marseillan était timide. Un soir, pendant l'étude, le surveillant fait signe à l'élève et lui explique avec rapidité qu'il a un cadre à placer au-dessus de sa porte et qu'il lui faut, pour le soir même, une mèche pour faire un trou et mettre un tampon. Cadre, porte, mèche et tampon se mêlent si bien dans l'esprit du pauvre écolier que M. D***, menuisier, après de nombreuses et obscures explications, remet à Marseillan ce que les menuisiers appellent un « serre-joints », et qui sert à ramener les portes disjointes. Marseillan arrive, dépose avec peine son fardeau à la porte de l'étude, dans le corridor, et gravit, tout trempé de sueur, l'escalier de la chaire. « J'ai fait votre commission, monsieur », dit-il. — « Hé bien, donnez », dit M. de Pouy. — « Je n'ai pas pu le faire entrer, monsieur », dit l'élève... » Stupéfaction de M. de Pouy. Il va à la porte de l'étude. Les montants du serre-joints étaient dressés contre le mur. « Une mèche, imbécile, une mèche, vous demandais ! » M. de Pouy, racontant l'histoire, avait une façon de manifester son étonnement : « Quoi ! dis-je », qui nous faisait rire aux larmes.

Le chat de Lanfranchi était un pauvre diable de chat qui se réfugia, un jour, derrière un grillage du réfectoire d'où l'élève Lanfranchi fut chargé par M. de Pouy de le déloger, avec un manche à balai. Or, pendant l'opération, à laquelle toute la division assistait, la malheureuse bête arrosait son persécuteur de ce jet d'eau naturelle dont le chien de Dumas père arrosa la botte de M. Louët dans la *Chasse au Châtre*. « Cocasse ! nom d'un chien », concluait M. de Pouy : « Lanfranchi prenait ça pour du plâtre ! »

Un autre jour, tandis que l'étude était dans le plus profond recueillement, la porte s'ouvre et un paysan qui avait affaire au vieux domestique, Jean-Marie, et l'avait cherché comme une épingle dans toute la maison, apparaît dans l'entrebâillement et demande d'une voix sonore : « Es pas aci lou Jan-Mari ? » Pensez de la bordée de rires qui accueillit le questionneur mal avisé.

L'histoire des Quatre-Cétacés reposait sur un calembour, comme
M. de Pouy aimait à en faire. Une veille de Fête-Dieu, le sacristain
vient demander au maître d'études des élèves de bonne volonté pour
l'aider à transporter des caisses de fleurs à la chapelle. « Combien
vous en faut-il ? » demande M. de Pouy. — « Quatre, c'est assez ! »
— « M. C*** demande quatre cétacés pour transporter des fleurs »,
traduit M. de Pouy. Évidemment tout le monde rit et personne ne
bougea. Il fut obligé lui-même de les désigner d'office, et les Quatre-
Cétacés demeurèrent longtemps célèbres dans la division.

Ces histoires et tant d'autres que l'on pourrait conter paraîtront,
sans doute, à beaucoup, bien humbles, bien enfantines. Elles ont
sûrement gardé, pour ceux qui connurent M. de Pouy, la saveur de
ces mille riens de l'enfance et de la jeunesse qu'on apprécie à mesure
que tant d'autres histoires, lugubres ou douloureuses, s'accumulent
et pèsent lourdement dans la mémoire. Et cela suffit.

Sur la fin de sa carrière, surtout depuis qu'il avait quitté l'étude
pour l'économat (1er août 1888), lui, le surveillant austère de jadis,
avait pris des allures de « papa Gâteau ». Ceux qu'on appelle les
fortes têtes lui confiaient volontiers leurs affaires disciplinaires, leurs
difficultés avec de jeunes surveillants qui prétendaient fonder leur
autorité sur des pensums assénés avec trop de force. Les jeunes
révoltés entraient dans sa chambre, l'œil en feu, le geste menaçant,
avec des résolutions viriles de résistance. Ils en sortaient quelques
instants après, domptés, soumis, et souvent la larme à l'œil.
« Qu'est-ce qu'il t'a dit ? » demandait un camarade à l'un d'eux. —
« Je n'en sais rien. » — « Et tu vas faire la punition ? » — « Bien
sûr. » Il restait bien une pointe de mauvaise humeur, mais toute
trace de rancune et de révolte avait disparu. Tout surveillant loyal
finissait par s'avouer à lui-même que le brave vieil homme avait plus
fait, au point de vue correction morale, avec deux mots que lui avec
cinq cents vers. On bougonnait un peu — manque d'expérience ! —
mais on finissait par lui rendre justice. N'avait-il pas été le premier
à la peine ? Et vingt ans de maîtrise d'étude ne lui avaient-ils pas
donné le droit d'avoir et de faire prévaloir son opinion ?

III.

Que fut M. de Pouy comme homme et comme prêtre ? Nous
l'avons insinué plus d'une fois au cours de cette notice. Il ne nous
reste plus qu'à donner quelques détails.

Barrette en tête, comme un jésuite, pas un cheveu blanc, l'œil vif,
une forte carrure quoiqu'il eût, depuis quelque temps, les épaules

un peu voûtées, M. de Pouy donnait l'impression d'un homme destiné
à devenir centenaire. « Vous ne vieillissez pas », lui disaient d'anciens
élèves le revoyant après de longues années. Il était content de la
remarque, et, pour témoigner sa satisfaction, s'offrait une prise. Sa
tabatière était célèbre dans les fastes scolaires. Elle lui avait été
offerte par d'anciens élèves qui avaient fait graver sur le couvercle le
début d'un vers d'Horace :

Præcipue sanus, nisi quam pituita molesta est (1).

Des malins prétendaient que le graveur aurait dû faire une
coquille : *Præcipue nasus...* Cette tabatière était à la fois un thermo-
mètre et un baromètre : elle marquait, paraît-il, l'humeur de son
propriétaire et prédisait le temps. « Tabac grumeaux... impossible
ouvrir tabatière... pluie sans tarder », disait M. de Pouy. Et des
observateurs judicieux assuraient que quatorze prises dans une étude
de deux heures étaient chez lui l'indice certain d'une humeur
massacrante.

Car cet homme, si bon à son ordinaire, et d'un caractère si gai,
avait ses jours d'humeur. Il était, alors, impatient, taciturne,
contrariant. Cela ne durait pas, et il suffisait généralement d'une
plaisanterie, d'une réflexion faite à propos pour dissiper tout nuage.
Nous avions fait, une fois, d'après Molière, une consultation médicale
sur les humeurs peccantes, et deux d'entre nous l'avaient apprise
par cœur, bien résolus à la tirer au premier jour. L'occasion se
présenta bientôt. Et l'abbé de Pouy fut le premier à rire de l'inno-
cent stratagème de quelques collègues qui l'aimaient assez pour lui
faire entendre que la mauvaise humeur lui seyait mal. Il se repro-
chait, d'ailleurs, lui-même, ces accès, et c'était touchant de voir
avec quelle humilité il essayait de se ressaisir et de faire oublier
ce que ses paroles ou ses actes avaient pu avoir d'attristant pour
ceux qui avaient eu affaire à lui dans ces moments-là.

« J'aurais aimé être religieux ou soldat », disait parfois M. de
Pouy. Chacun sait son goût marqué pour les Jésuites. Une de ses
joies était de rappeler qu'il avait eu le P. Delom et le P. Boubée dans
son étude. Il collectionnait avec amour les livres ou brochures des
révérends Pères et ne manquait pas une occasion de faire passer dans
la *Semaine Religieuse*, dont il fut longtemps rédacteur, tels poèmes
du P. Delaporte dont il goûtait, plus que personne, la forme et le
fond. Je lui avais offert, dans ces derniers temps, une jolie édition

(1) « D'une parfaite santé, sauf quand la pituite le tourmente. »

du P. Vanière, le *Prædium Rusticum*. Il faillit me sauter au cou. On
le plaisantait agréablement et indéfiniment sur les *Monita secreta*, la
suppression de la Compagnie au xviii° siècle, le style jésuite ; on lui
citait la prière ironique d'un Cardinal de Lyon : « Mon Dieu, donnez-
moi l'éloquence des Sulpiciens, la propreté des Capucins, la simplicité
des Dominicains, et la naïveté des Jésuites ». Et un de ses collègues
lui promit, un jour, dans une pièce de vers,

... *la calotte*
Que légua Vasquez au père Nonotte.

Il ne se fâchait pas et inlassablement défendait la Compagnie.

M. de Pouy aimait les soldats. Il était même cocardier. Combien de
fois ne s'est-il pas précipité sur le perron du Séminaire pour voir
défiler le 88° et saluer le drapeau ! Il avait la plaisante prétention
d'avoir servi sept ans dans les lanciers de la Garde, et il l'avait dit
tant de fois que de malicieux collègues ne manquaient jamais, la
veille de la Saint-Martial, — un nom guerrier ! — de faire irruption
dans sa chambre avec toutes sortes d'armes démodées, triées
soigneusement dans le bric-à-brac de la place pour lui offrir leurs
souhaits. Il riait de la plaisanterie, houspillait les manifestants et
cherchait l'occasion de leur rendre la pareille. Le 1ᵉʳ Avril, les
SS. Innocents, la Saint-Pothin le fournissaient annuellement de
malices et de calembours.

On le plaisantait volontiers, aussi, sur ses opinions politiques ; et
des pince-sans-rire prétendaient qu'il regrettait le fanion de Mérovée.
Au fait, il détestait l'Empire autant que la République, se défendait
d'avoir été « blanc d'Espagne » et ne manifestait pour les d'Orléans
aucune sympathie. Un partisan de l'Empire, qui s'enflammait à la
lecture de l'*Histoire du Consulat* et traitait M. de Pouy de « culotte-
à-pont », l'avait menacé de lui adresser un Thiers relié en veau trico-
lore. « Mais enfin, qui voulez-vous ? » lui demandait un autre. —
« Le gouvernement des honnêtes gens, entendez-vous bien ! » Le
buste du comte de Chambord, qu'il avait mis à la bonne place sur sa
cheminée et qu'un domestique, à sa grande joie, avait pris un jour
pour saint Joseph, en disait long sur ses préférences et ses regrets.
Homme de tradition, il s'attachait d'instinct à tout ce qui représen-
tait le passé : c'était, chez lui, penchant de nature et besoin irrésisti-
ble de fidélité.

Cet amour de la tradition, il le portait jusque dans ses idées péda-
gogiques. Il était de la génération scolaire qu'avaient formée les
Pandelé, les Dupuy, les Boubée, les Bougnères. Il avait gardé

tout ce qu'il avait pu de l'esprit de ces vieux maîtres qui avaient vu
les fondateurs du Petit Séminaire à l'œuvre et se plaisaient à
perpétuer leur enseignement intellectuel et moral sans presque rien
y changer. Il y aurait des inconvénients, de nos jours. Il n'y en avait
guère, alors, où presque pas un élève ecclésiastique ne se présentait
au baccalauréat — témoin Léonce Couture, qui n'eût jamais sa peau-
d'âne, — et où les autres s'appliquaient à devenir de solides latinistes,
d'impeccables hellénisants, de fervents linguistes — plusieurs élèves
lisant couramment Dante et Cervantès — avant d'aborder les
carrières libérales. Plus tard, on avait surtout évolué vers les
mathématiques. M. de Pouy, qui avait gardé une tendresse pour les
langues anciennes, ne le vit pas sans une tristesse et une indignation
qui nous parurent plus d'une fois plaisantes. Il montrait avec fierté
une agréable traduction en vers latins du *Pélican*, de Musset, due à
un élève de seconde qu'il espérait voir rester fidèle aux belles-lettres
et qui, depuis, prépara l'École polytechnique et fut inspecteur de la
Banque de France. M. de Pouy était fier de lui, parce qu'il lisait
encore Horace dans le texte, mais il ne pardonnait pas aux mathématiques de lui avoir « gâté l'esprit ».

Voilà l'homme. Nous aurons tout dit quand nous aurons ajouté qu'il
ne fit jamais de voyages — il n'était allé qu'une fois à Toulouse, et
c'était au temps des diligences ! — et qu'en fait de littérature
d'imagination il ne voyait rien au-dessus de *Maximilien Heller* et des
romans de Paul Féval.

Que fut le prêtre ? Je ne sais de quel saint on a dit qu' « il trempait
tout de Dieu ». Ce fut vrai de M. de Pouy. Il était surnaturel, tout
simplement, tout bonnement, sans mysticisme outré, sans pose, y
allant « à la bonne franquette » avec Dieu et avec les hommes. Il
disait sa messe, récitait son chapelet, lisait son bréviaire en
apparence comme tout le monde, en réalité avec la ferveur d'un
nouveau sous-diacre et d'un nouveau prêtre. Ses livres de piété
furent ceux du Grand Séminaire. Il les montrait à ses intimes amis,
défraîchis certes et usés par plus de quarante ans de services. Mais
il y tenait comme aux fidèles compagnons et témoins de sa vie
sacerdotale, et, dans les circonstances particulièrement douloureuses
de l'exil, ils furent les premiers mis à part avec ses souvenirs de
famille et d'amitié.

Il aimait la théologie traditionnelle, s'irritant peut-être à l'excès
contre ce qu'il appelait les « nouveautés » et qui n'étaient que le
développement naturel du dogme. L'exégèse nouvelle l'avait surpris,
scandalisé presque, et il se donnait le naïf et touchant triomphe à la
fois de montrer tel article de revue, telle brochure qui flattait et

entretenait ses bien explicables défiances. Pour lui, il s'en tenait à la Bible toute pure, à la *Somme* de saint Thomas d'Aquin, aux *Elementa* de Schouppe, aux deux volumes de Busembaum. « Ils sont vieux », disait-il, « mais qu'ont dit de plus clair les jeunes? » Qu'on juge par là de l'effet produit sur lui par l'abbé Loisy et les néo-critiques. Car il les lisait aux sources mêmes ou dans de fidèles comptes rendus et ne trouvait pas d'épithètes assez fortes et parfois — il faut le dire — assez injustes pour les qualifier.

C'est que ce simple, ce sage avait la foi du charbonnier. Non pas, nous l'avons vu, qu'il ne fût au courant des grandes controverses théologiques; mais il estimait que c'était temps perdu que de s'attarder aux discussions avec des adversaires qu'il croyait sincèrement de mauvaise foi. Et il aimait mieux, quant à lui, nourrir dans son âme la foi traditionnelle que l'égarer dans le dédale des disputes. Personne ne l'eût tiré de là. C'est cette foi qui lui faisait vaincre sa timidité naturelle pour « sermonner » ses élèves; celle-là qui lui mit tant de fois la plume à la main pour écrire à ceux qui étaient partis affronter les villes de Facultés; celle-là qui lui faisait prendre en horreur l'Université où, disait-il, l'enseignement était « protestant ou athée »; celle-là qui lui faisait dédaigner les honneurs venus à lui sous les espèces d'un camail de chapelain en 1885 et de chanoine en 1900; celle-là enfin qui l'agenouillait comme un petit enfant devant son Crucifix pour les épanchements de la plus tendre piété, et lui inspirait au confessionnal des mots si débordants de vie intérieure et qui tant allaient au cœur qu'on avait envie de relever la tête pour voir si c'était bien lui qui parlait.

IV.

Hé bien, ce prêtre si simple, si humble, si surnaturel, qui avait, peut-on dire, la passion du sacrement de pénitence, et avait vécu cinquante ans dans une communauté, au milieu des prêtres, Dieu a permis qu'il mourût sans prêtre, sans sacrements et quand il se réjouissait déjà à la pensée de recevoir quelques-uns de ses anciens collègues et amis. Sa mort a été soudaine; elle n'a pas été imprévue. La terrible visiteuse ne l'effrayait pas. Il était toujours prêt. Il était prêt quand Dieu le rappela à lui le 15 mars dernier, et Dieu a voulu, sans doute, faire de ce sacrifice suprême et subit de sa vie et de ses affections la rançon de ses fautes, des petites fautes qui souillent l'âme des plus saints.

Il est mort. Et maintenant il dort dans le cimetière de Roquelaure où seuls quelques-uns d'entre nous ont pu l'accompagner, non loin de ce Rieutort dont il vantait tant les ombrages et l'hospitalité. Ses funérailles ont été simples et modestes comme sa vie. Un simple drap blanc jeté sur sa bière, une croix de fleurs, de pauvres gens en larmes : il a été heureux de cela, par-delà la mort. Il dort, mais ce défunt parlera encore et longtemps au cœur des anciens du Petit Séminaire. *Defunctus adhuc loquitur.*

Pour moi, — je m'excuse du caractère personnel de ma réflexion, — il me semble l'entendre me dire d'un air légèrement moqueur : « Avez voulu faire ici votre petit Plutarque... temps perdu, entendez bien... ce qui vous manquait le plus, c'est le grand homme ». Hé oui ! c'est le grand homme qui me manquait, au sens où l'entendait M. de Pouy, mais non le brave homme, le saint prêtre, le tendre ami. J'avais l'idée, en écrivant sa vie, que j'écrivais quelques pages, les plus humbles, si l'on veut, de l'histoire de l'ancien Petit Séminaire ; et l'on me pardonnera de trop longs détails et trop puérils, peut-être, en faveur de la joie que j'ai éprouvée à retourner, à la suite de M. de Pouy, dans ces corridors, dans ces salles d'étude, dans ces vieux murs encore tout pleins de lui et où il aurait tant aimé, le pauvre homme ! finir ses jours.

Auch. — Imprimerie Brevetée Léonce Cocharaux, rue de Lorraine.